PATTERNMAKING SKETCHBOOK

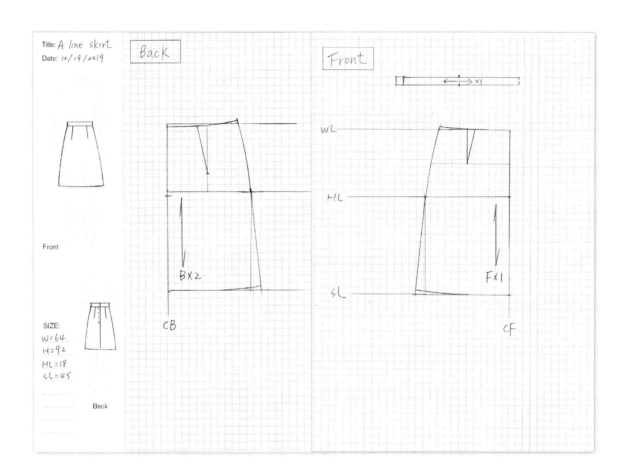

Title: A line skrrt
Date: 12/19/2019

Back

Front

Front

Back

SIZE:
W=64
H=92
HL=18
SL=45

WL

HL

SL

CB

CF

B×2

F×1

THIS BOOK BELONGS TO

Lance Publishing Studio
Lance Derrick
lancepublish.com

Title:

Date:

Front

SIZE:

Title:

Back

Title:

Date:

Front

SIZE:

Back

Title:

Date:

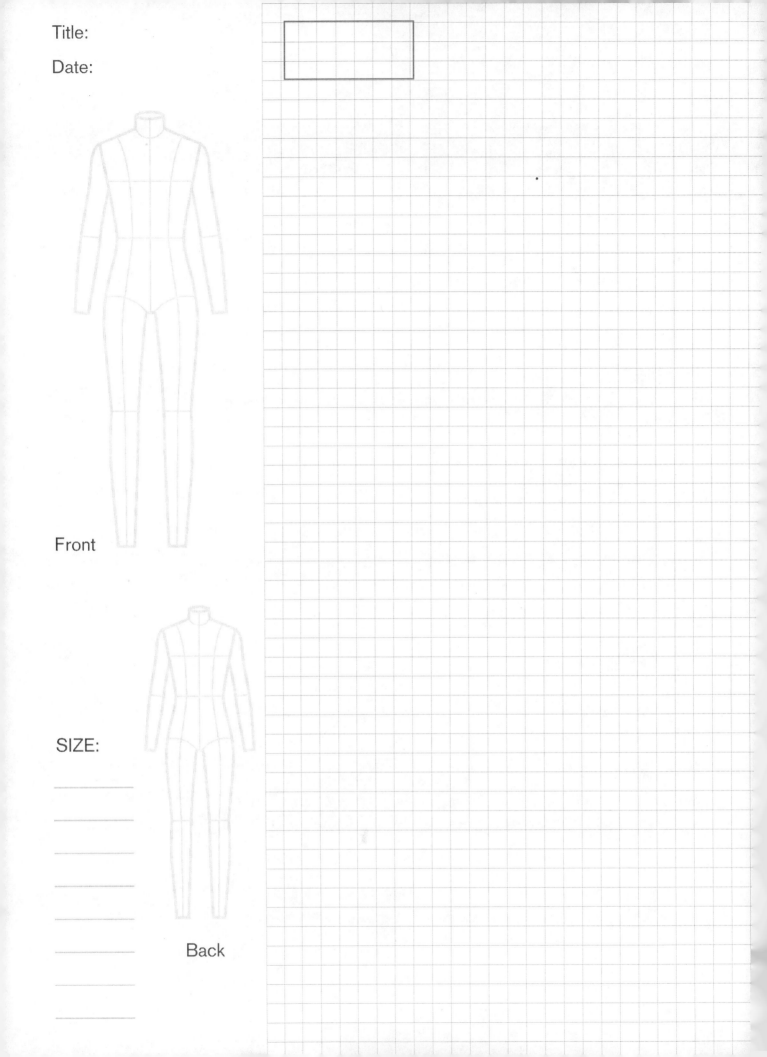

Front

SIZE:

Title:

Date:

Back

Title:

Date:

Front

SIZE:

_____

_____

_____

_____

_____

Back

Title:

Date:

Front

SIZE:

_____

_____

_____

_____

_____

Back

_____

Title:

Date:

Front

SIZE:

_____

_____

_____

_____

_____

Back

_____

Title:

Date:

Front

SIZE:

Back

Title:

Date:

Front

SIZE:

_____

_____

_____

_____

_____

_____

Back

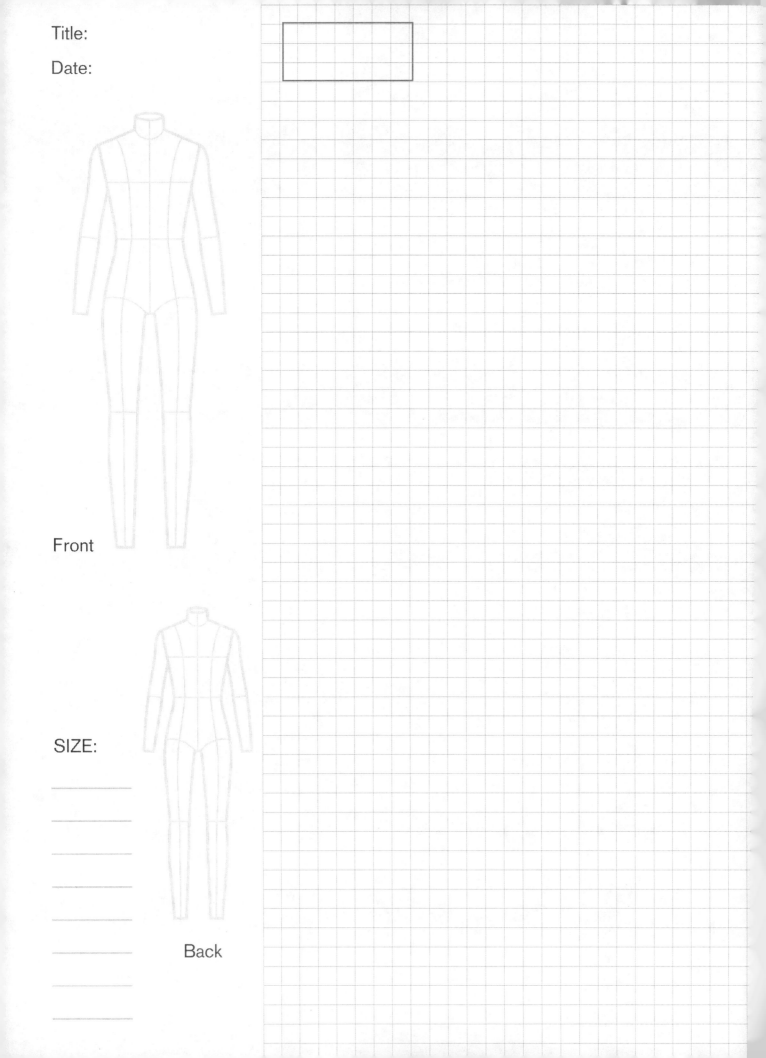

Title:

Date:

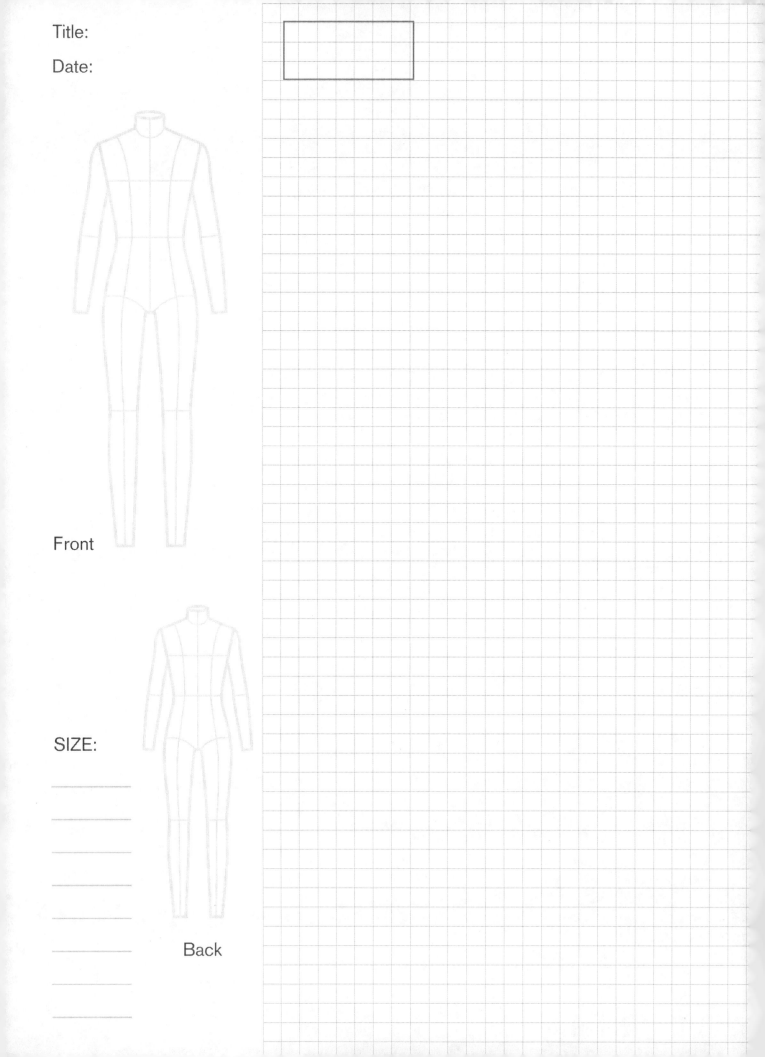

Front

SIZE:

Back

Title:

Date:

Front

SIZE:

_____

_____

_____

_____

_____

Back

_____

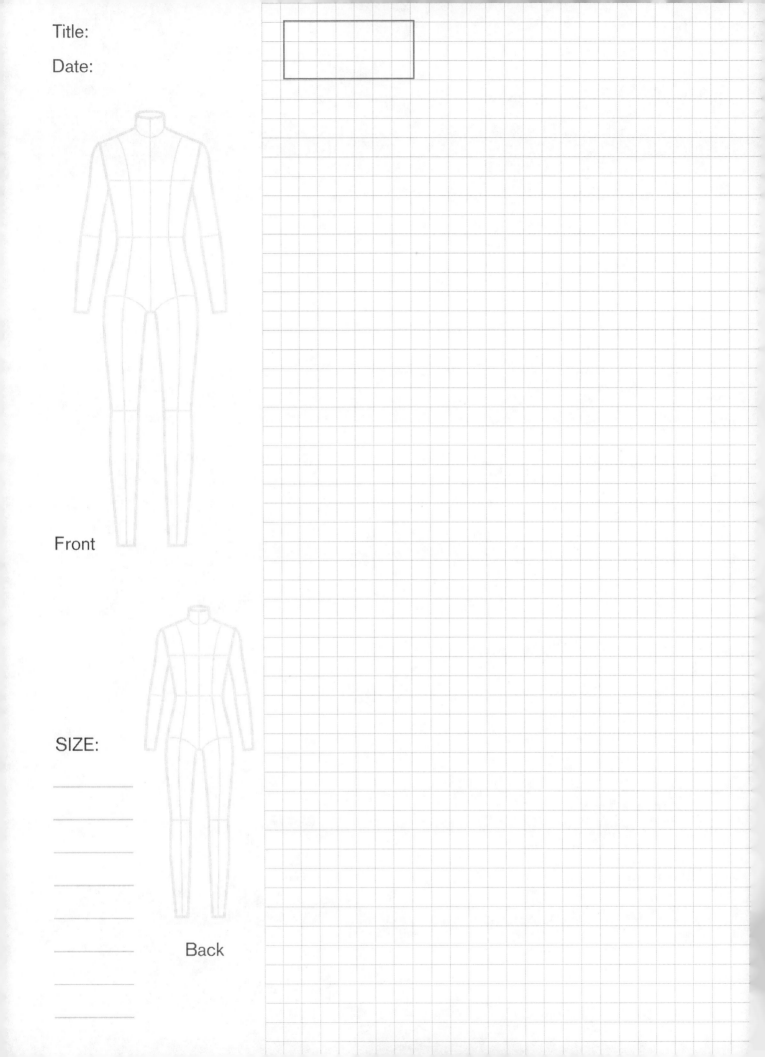

Title:

Date:

Front

SIZE:

_____

_____

_____

_____

_____

Title: _____   Back

Date: _____

_____

Title:

Date:

Front

SIZE:

Back

Title:

Date:

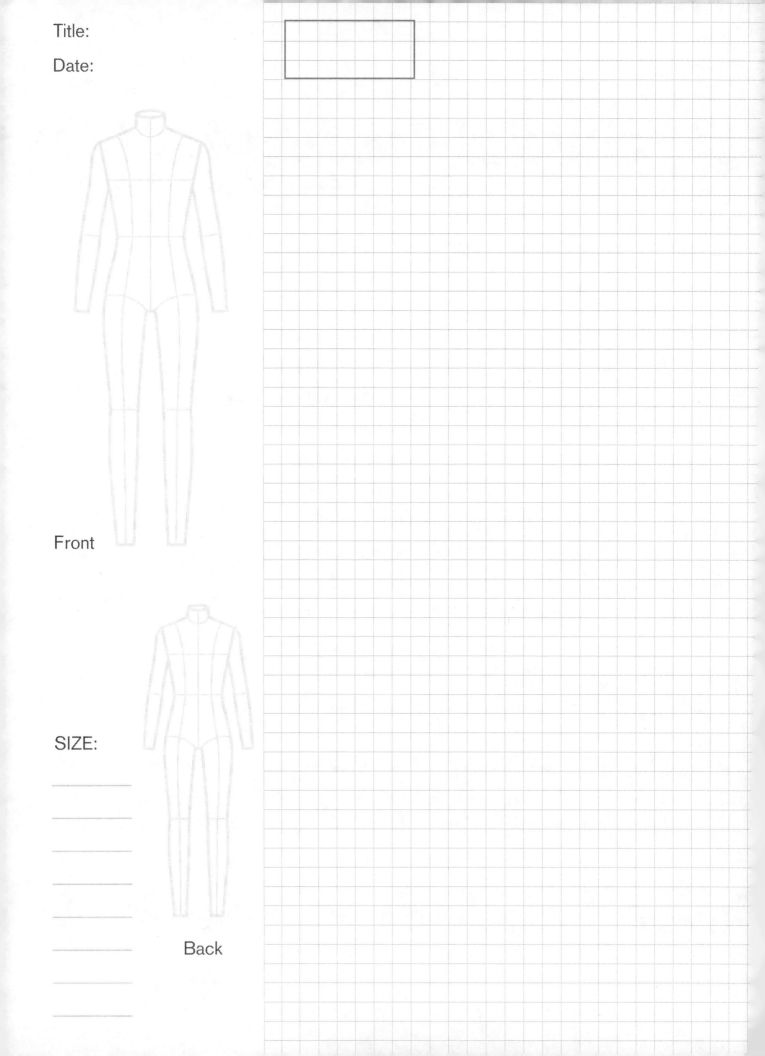

Front

SIZE:

Back

Title:

Date:

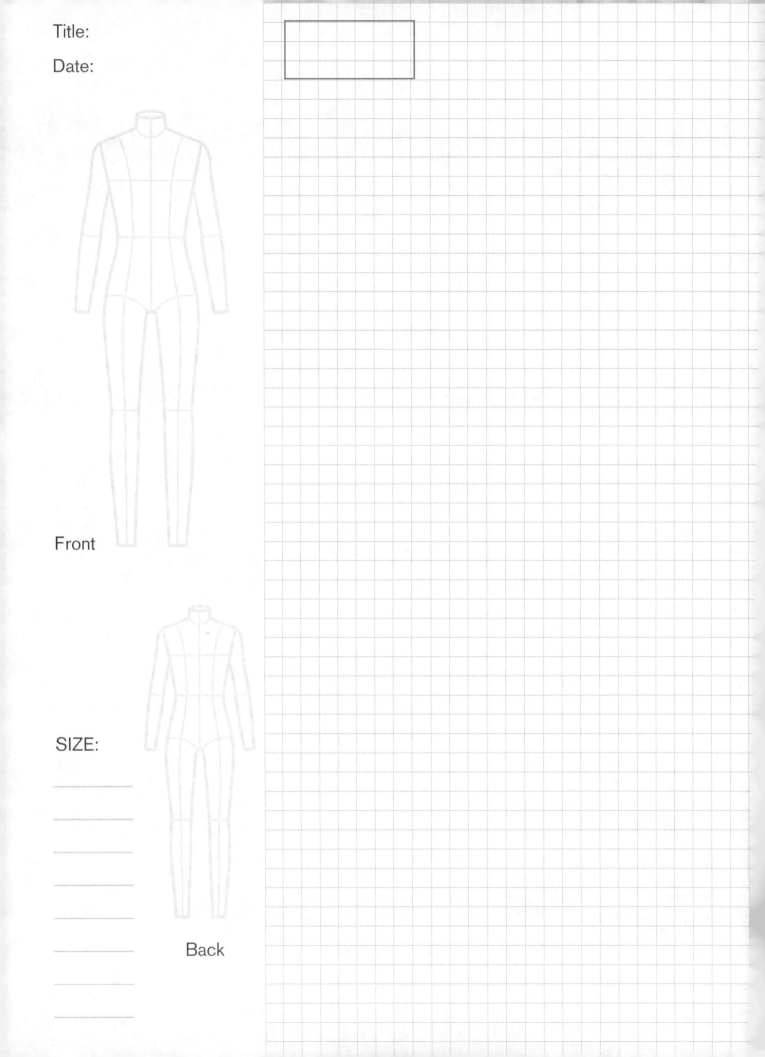

Front

SIZE:

Back

Title:

Date:

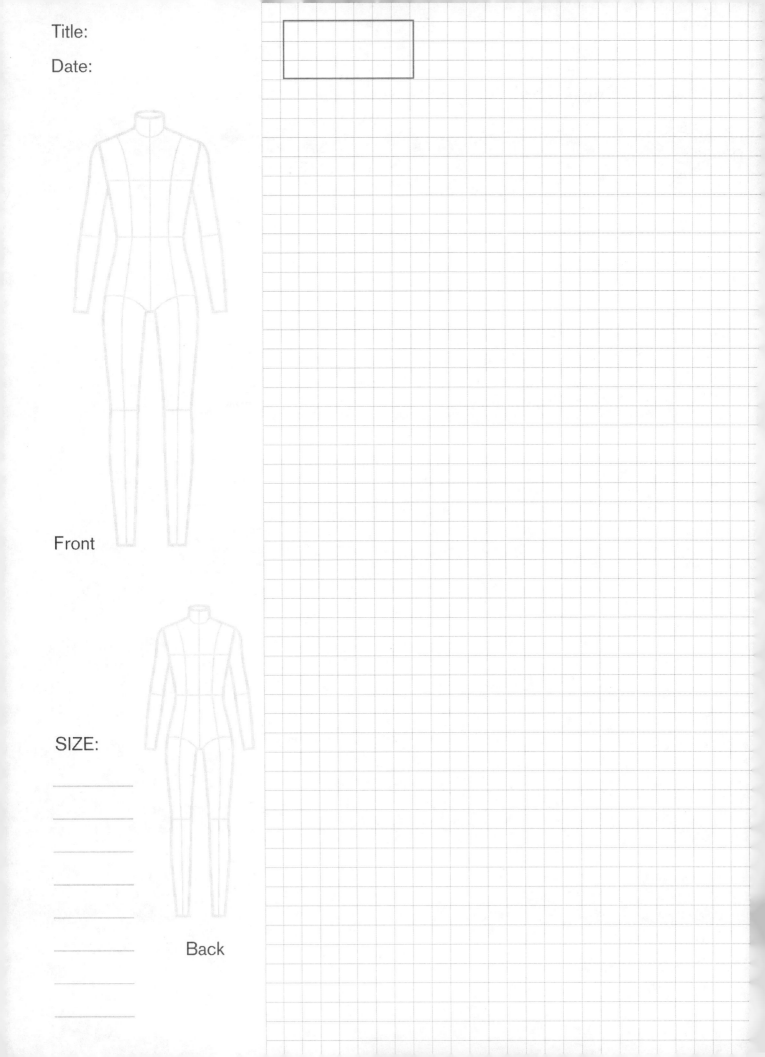

Front

SIZE:

Back

Title:

Date:

Front

SIZE:

_____

_____

_____

_____

_____

Back

Title:

Date:

Front

SIZE:

_____

_____

_____

_____

_____

Back

_____

Title:

Date:

Front

SIZE:

_____

_____

_____

_____

_____

Back

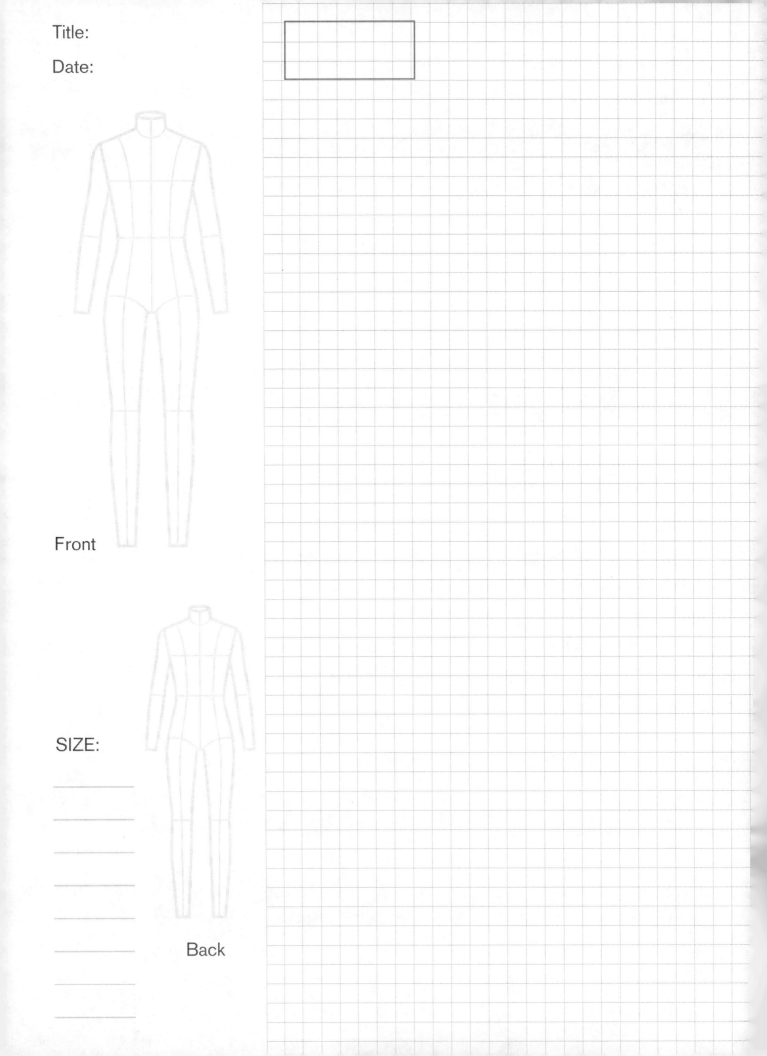

Title:

Date:

Front

SIZE:

_____

_____

_____

_____

_____

_____

Back

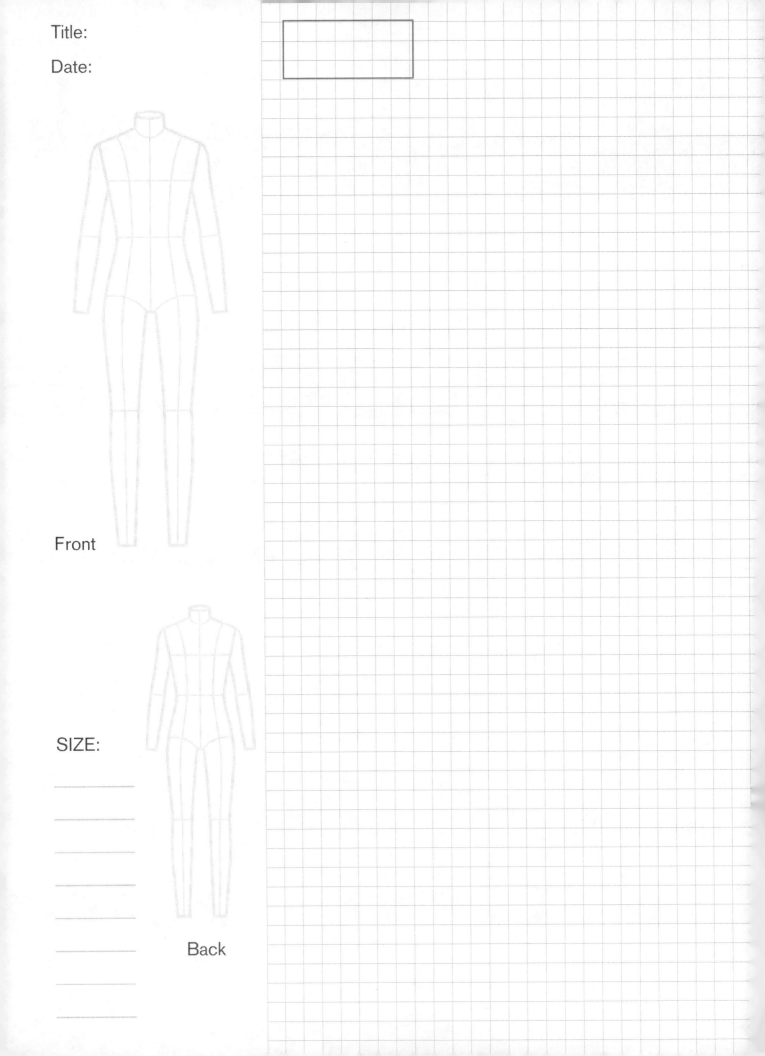

Title:

Date:

Front

SIZE:

_____

_____

_____

_____

_____

Back

_____

Title:

Date:

Front

SIZE:

_____

_____

_____

_____

_____

Back

Title:

Date:

Front

SIZE:

Title:

Date:

Back

Title:

Date:

Front

SIZE:

_____

_____

_____

_____

_____

Back

Title:

Date:

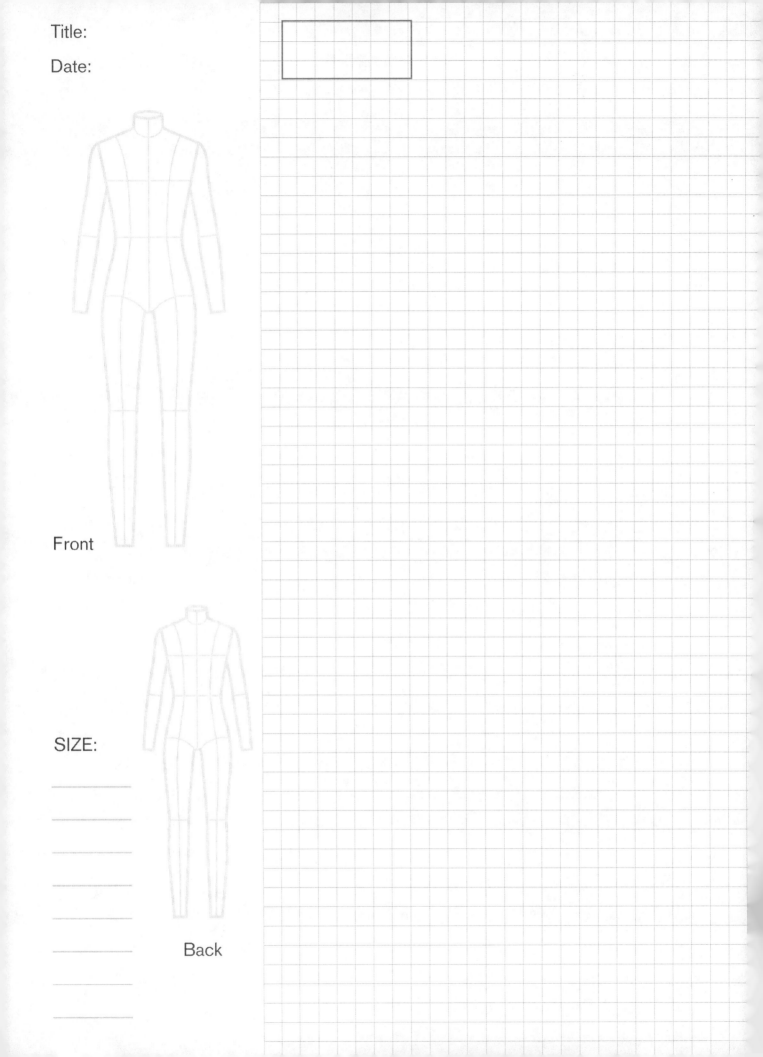

Front

SIZE:

_____

_____

_____

_____

_____

_____

Back

Title:

Date:

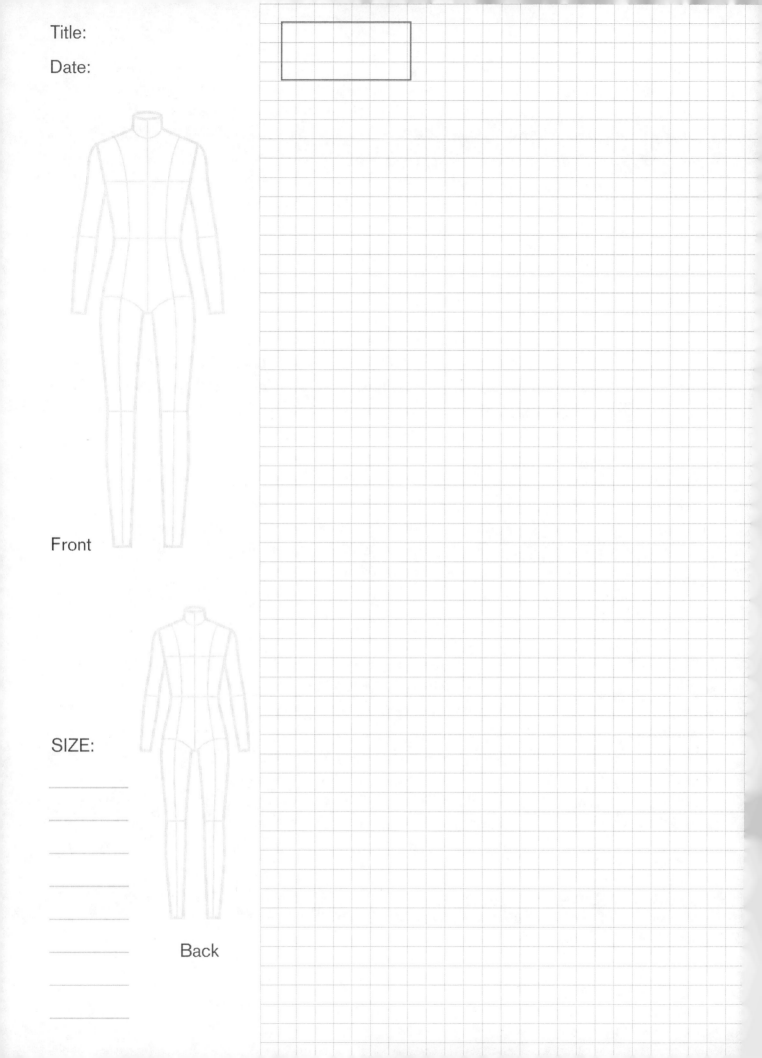

Front

SIZE:

_____

_____

_____

_____

_____

Title: _____

Back

Date: _____

_____

Title:

Date:

Front

SIZE:

_____

_____

_____

_____

Title:

Date:

Back

Title:

Date:

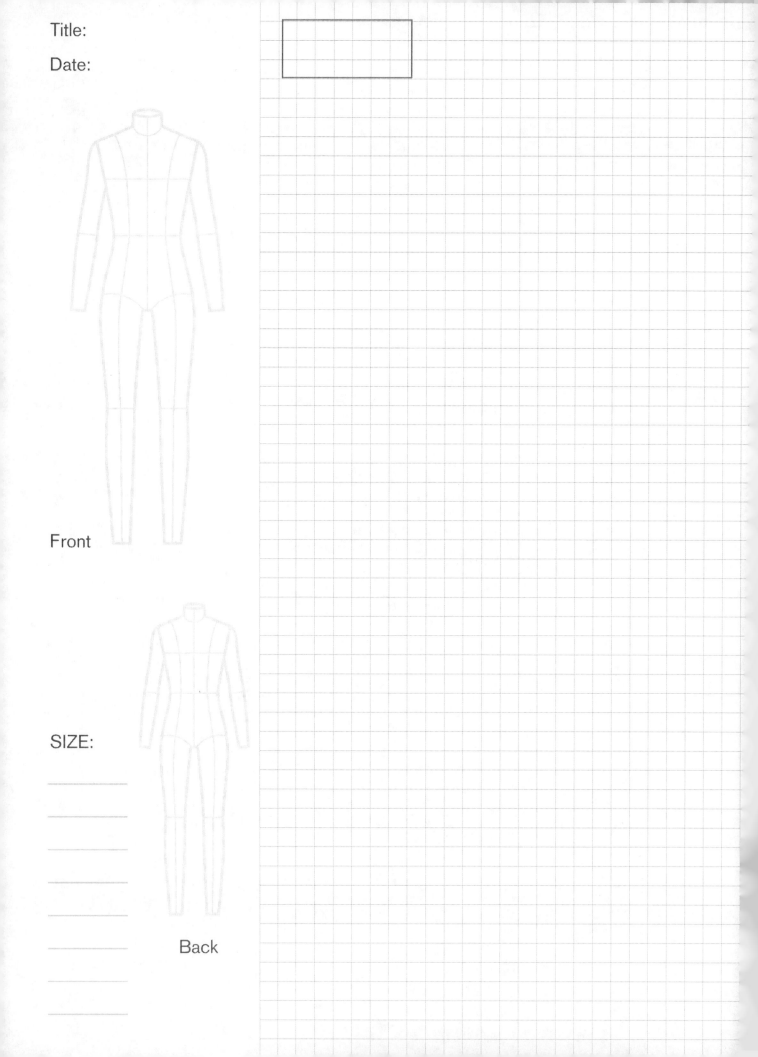

Front

SIZE:

_____

_____

_____

_____

_____

Title: _____

Date:

Back

Title:

Date:

Front

SIZE:

_____

_____

_____

_____

_____

Back

_____

_____

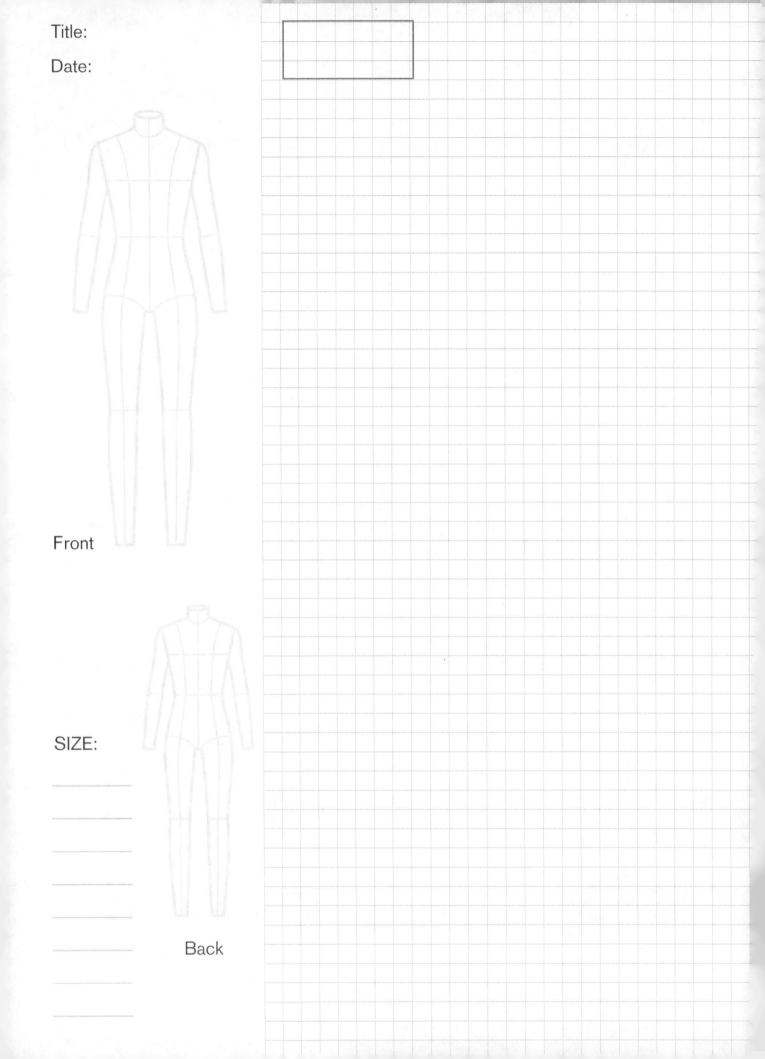

Title:

Date:

Front

SIZE:

_____

_____

_____

_____

_____

_____

Back

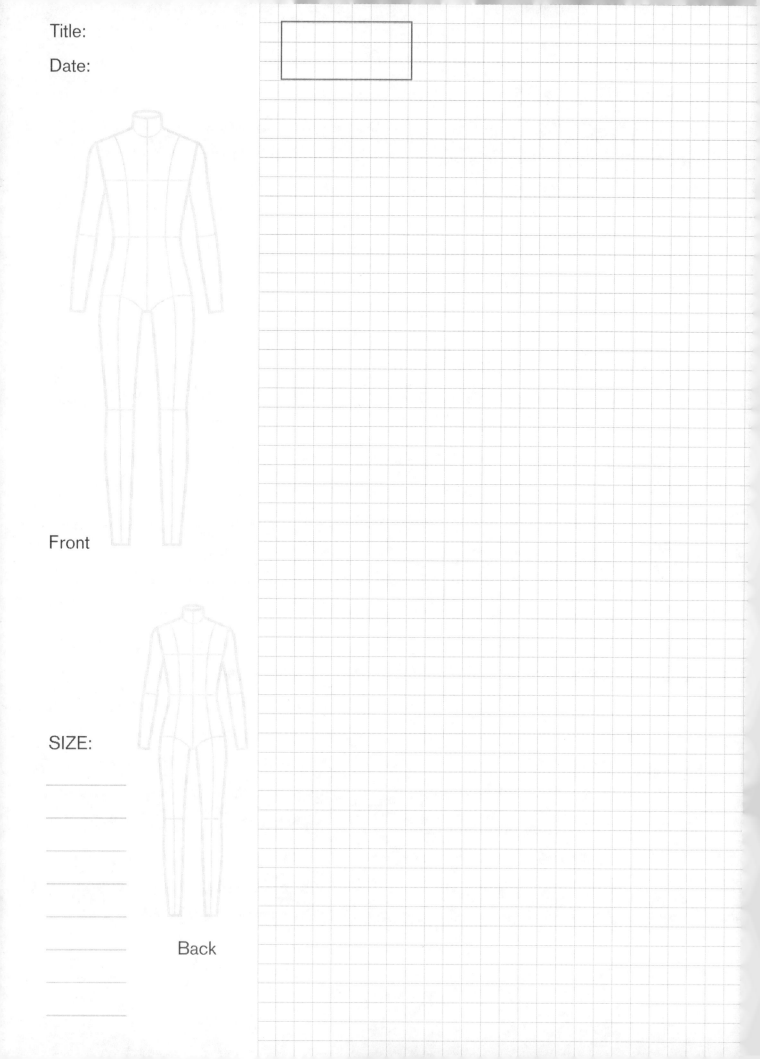

Title:

Date:

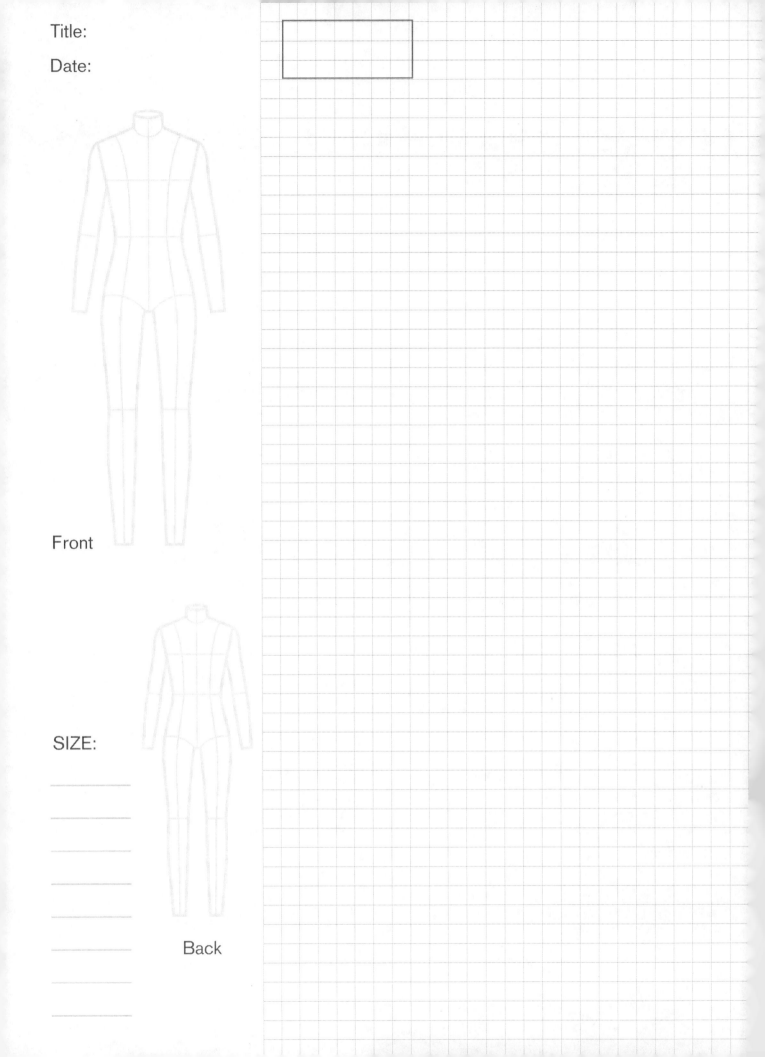

Front

SIZE:

Back

Title:

Date:

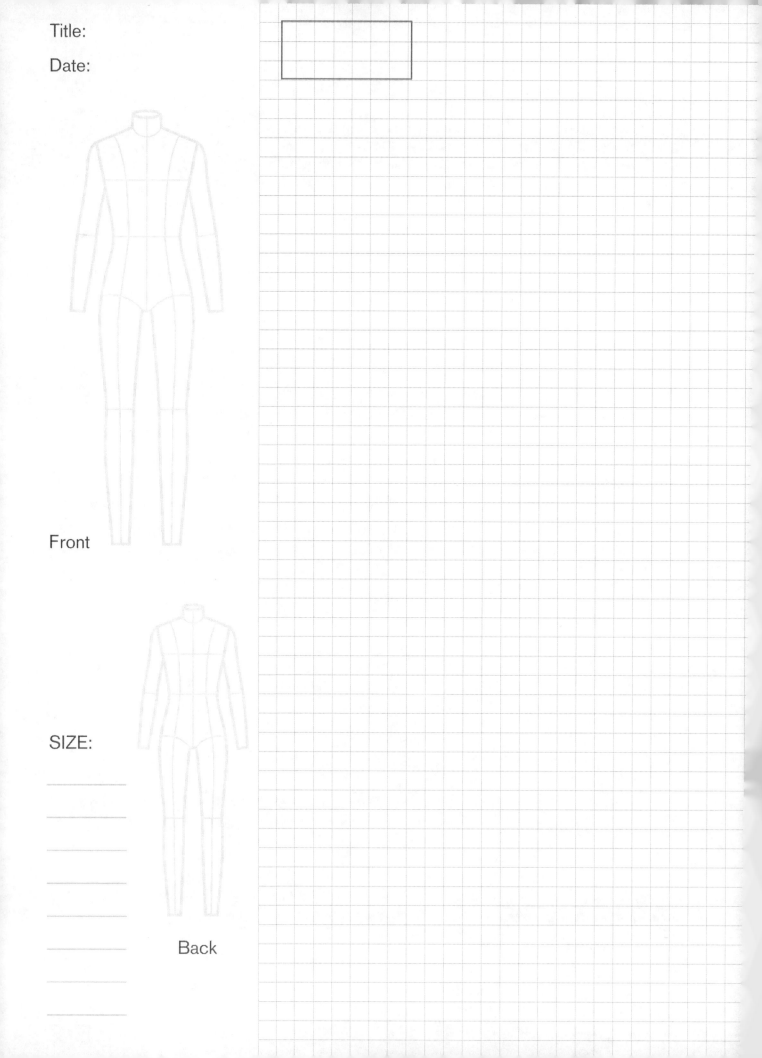

Front

SIZE:

_____

_____

_____

_____

_____

Title: _____

Back

Date:

Title:

Date:

Front

SIZE:

_____

_____

_____

_____

_____

_____

Back

Title:

Date:

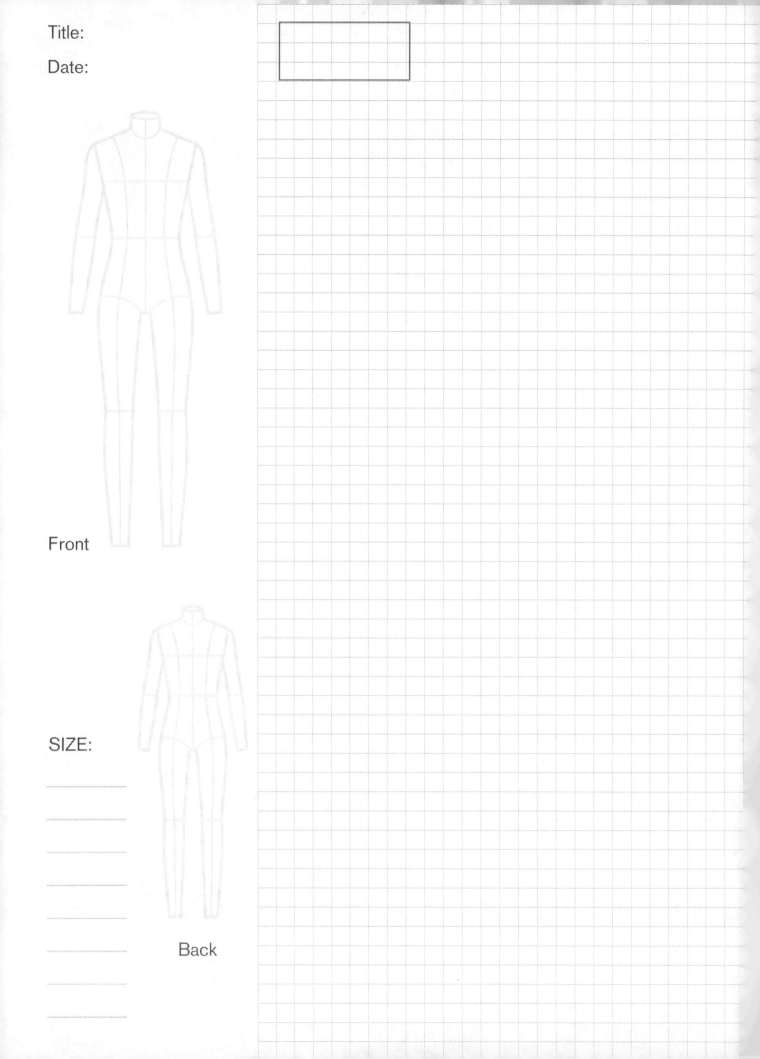

Front

SIZE:

_____

_____

_____

_____

_____

_____

Back

Title:

Date:

Front

SIZE:

Back

Title:

Date:

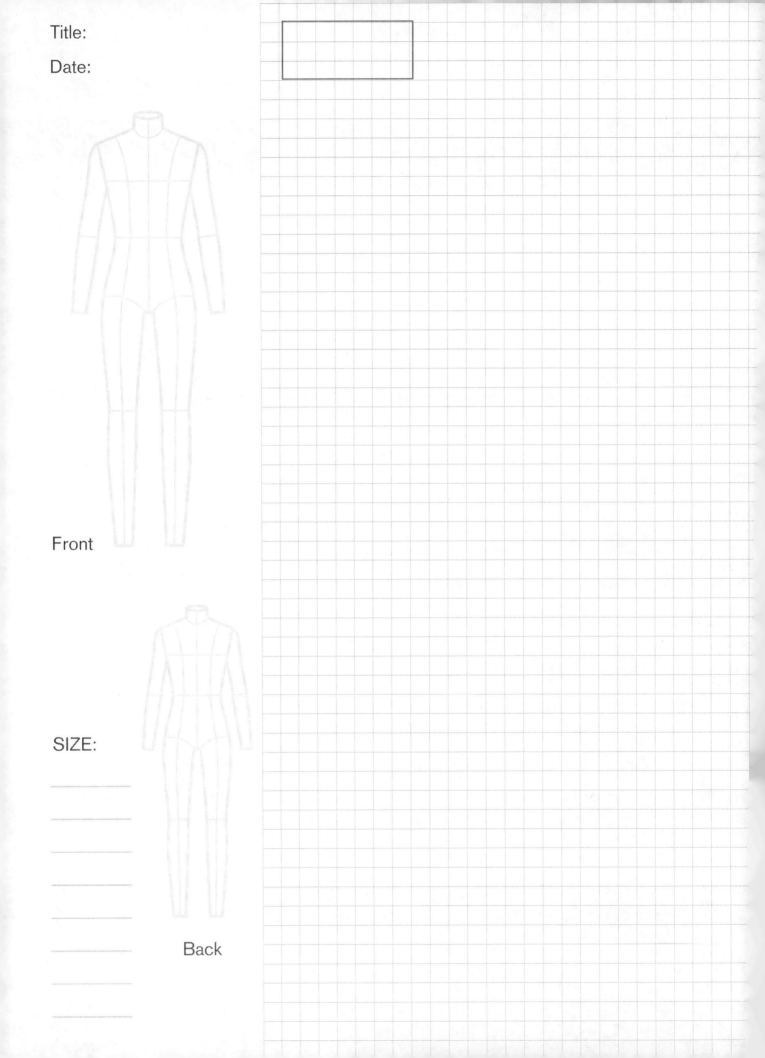

Front

SIZE:

_____

_____

_____

_____

_____

_____

Back

Title:

Date:

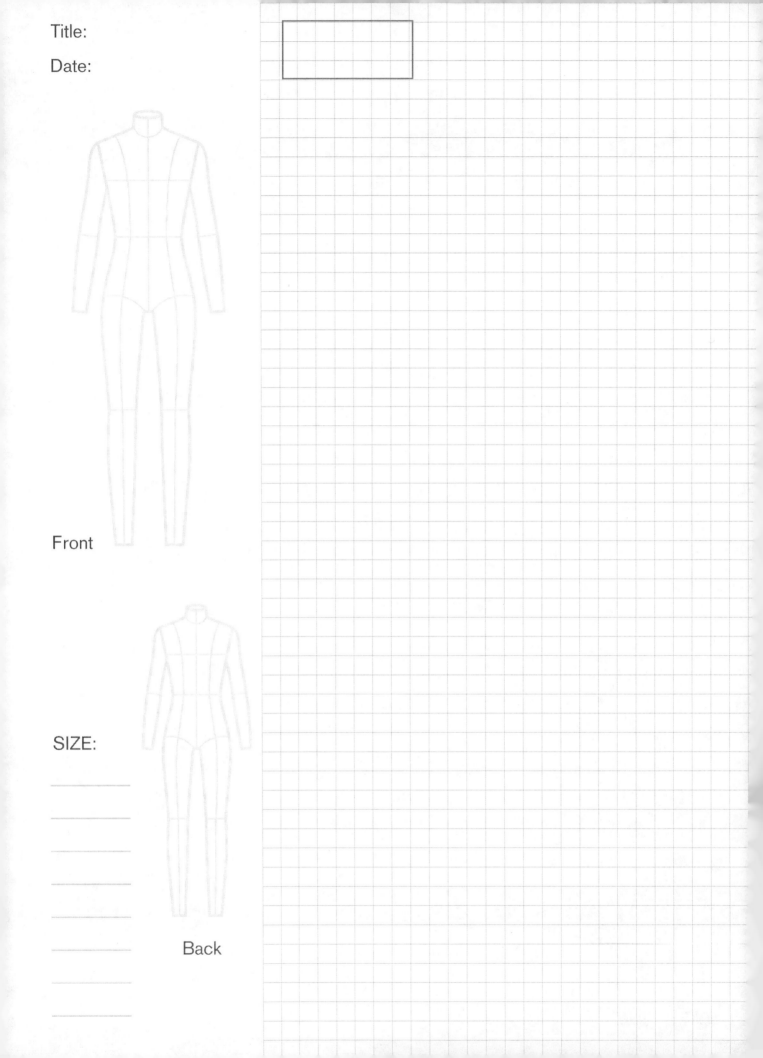

Front

SIZE:

_____

_____

_____

_____

_____

Back

_____

_____

_____

Title:

Date:

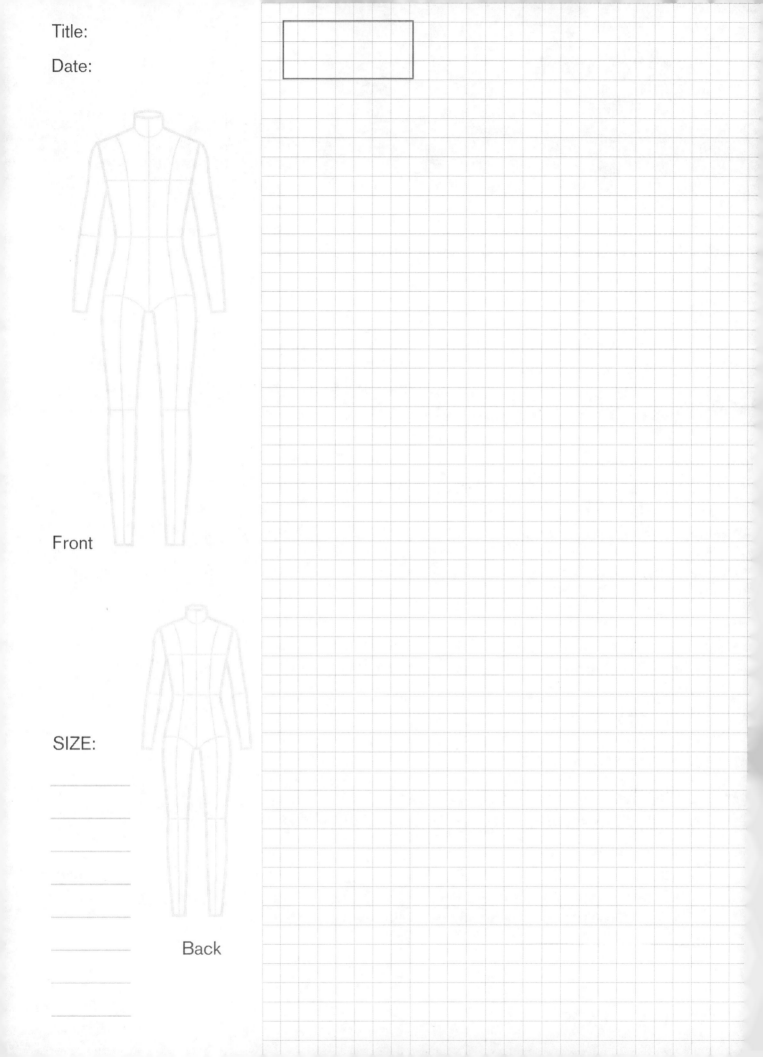

Front

SIZE:

_____

_____

_____

_____

_____

Title: _____

Date:

_____

Back

Title:

Date:

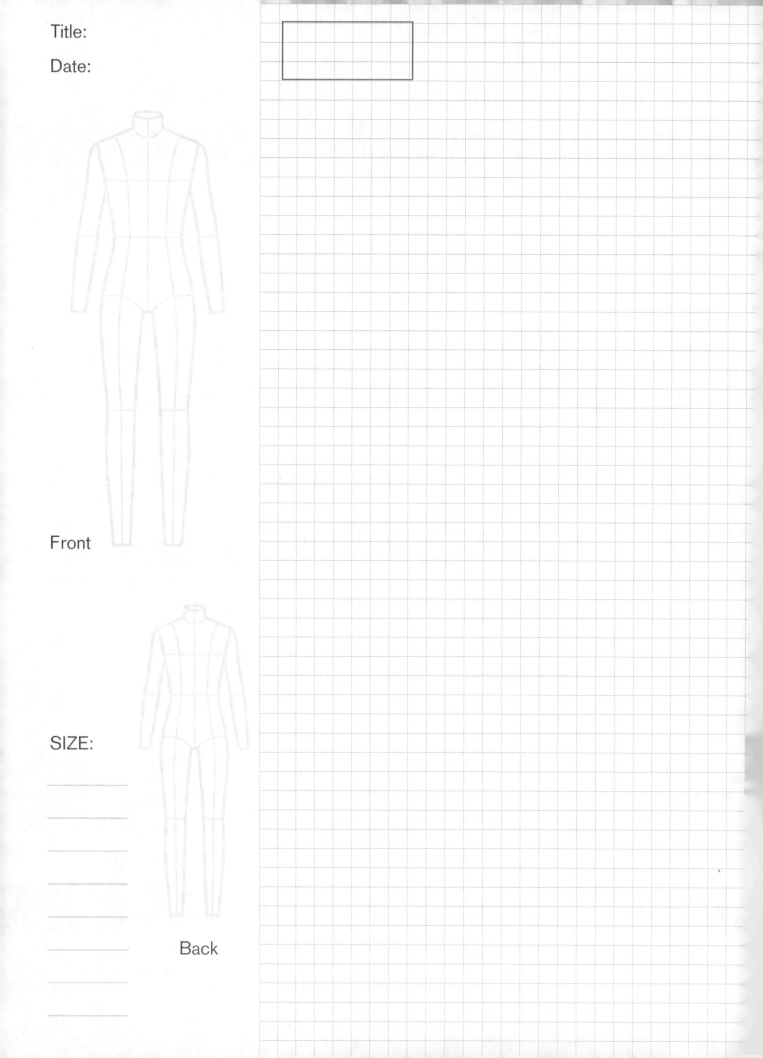

Front

SIZE:

Back

Title:

Date:

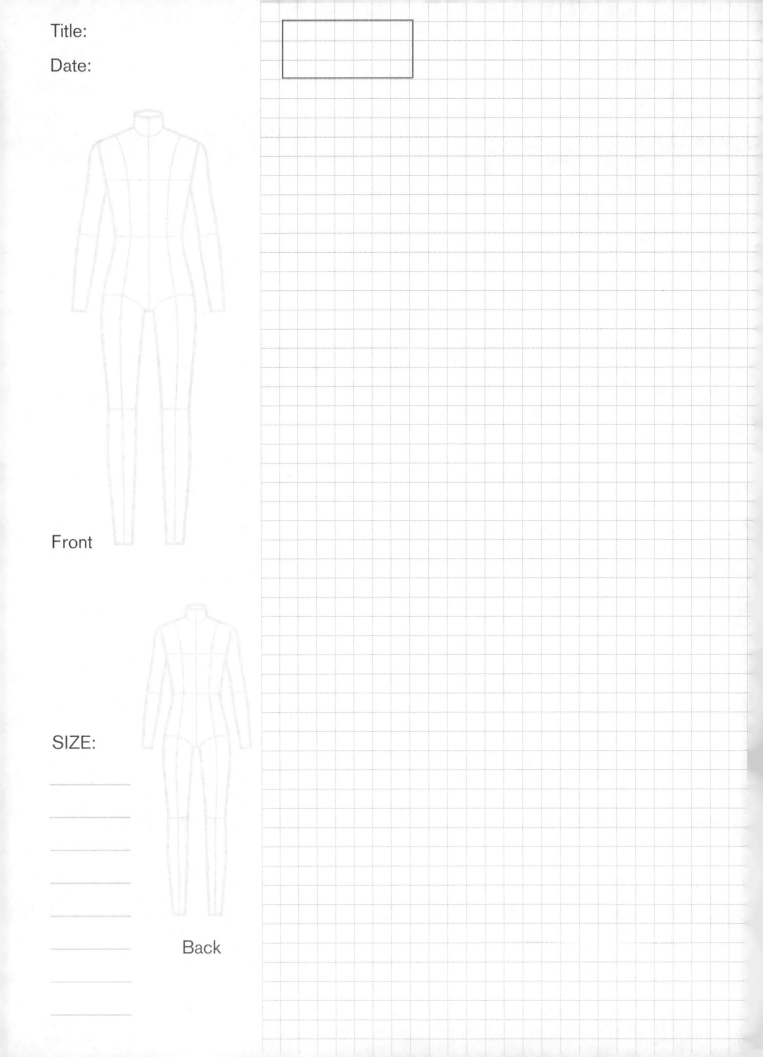

Front

SIZE:

_____

_____

_____

_____

_____

Title: _____

Date:

_____

Back

Title:

Date:

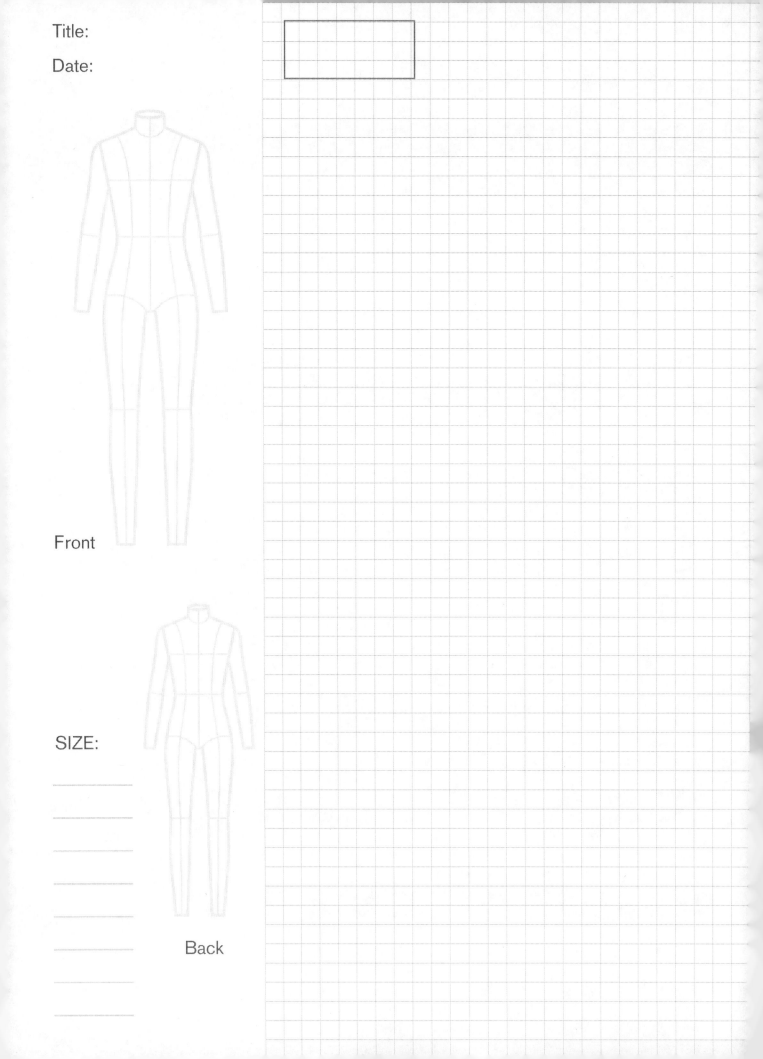

Front

SIZE:

_____

_____

_____

_____

_____

Title:

Date:

_____

Back

Title:

Date:

Front

SIZE:

_____

_____

_____

_____

_____

_____

Back

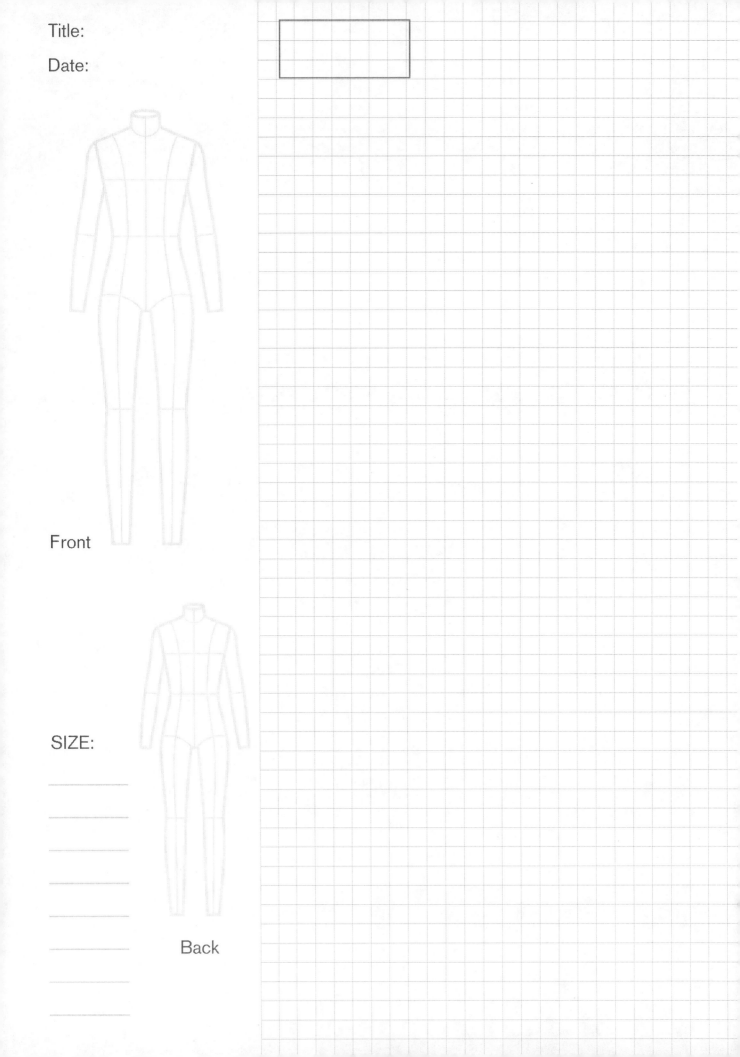

Title:

Date:

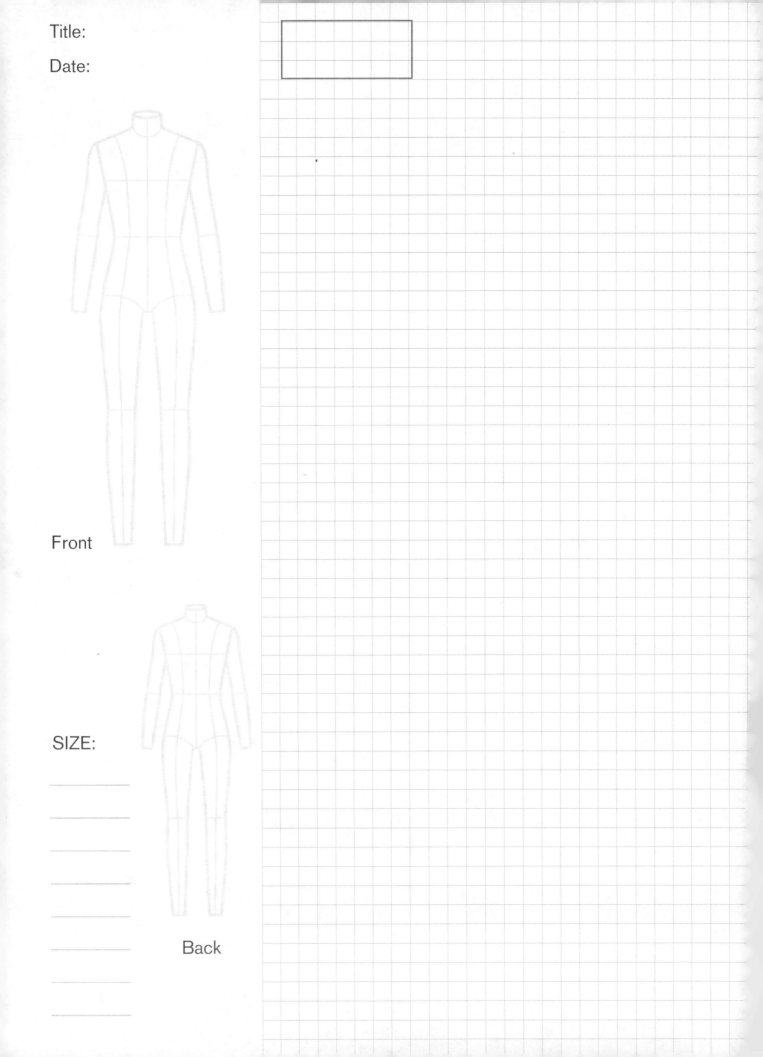

Front

SIZE:

_____

_____

_____

_____

_____

_____

Back

Title:

Date:

Front

SIZE:

_____

_____

_____

_____

_____

Title: _____   Back

Title:

Date:

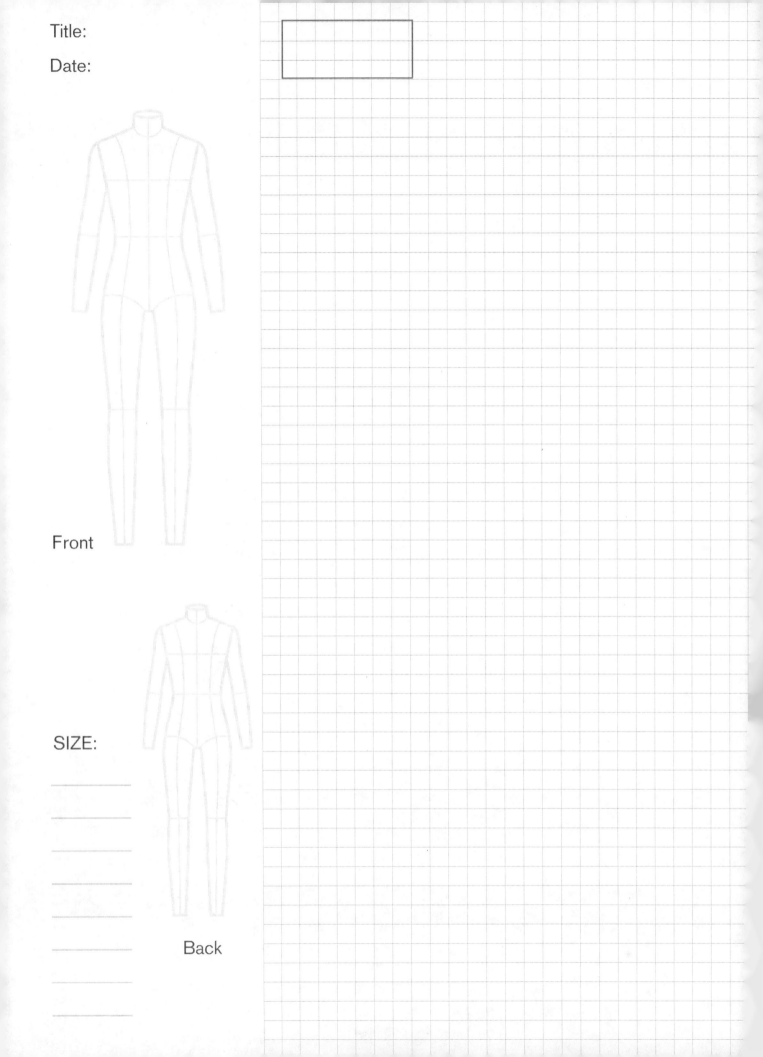

Front

SIZE:

_____

_____

_____

_____

Title: _____   Back

Date:

_____

Title:

Date:

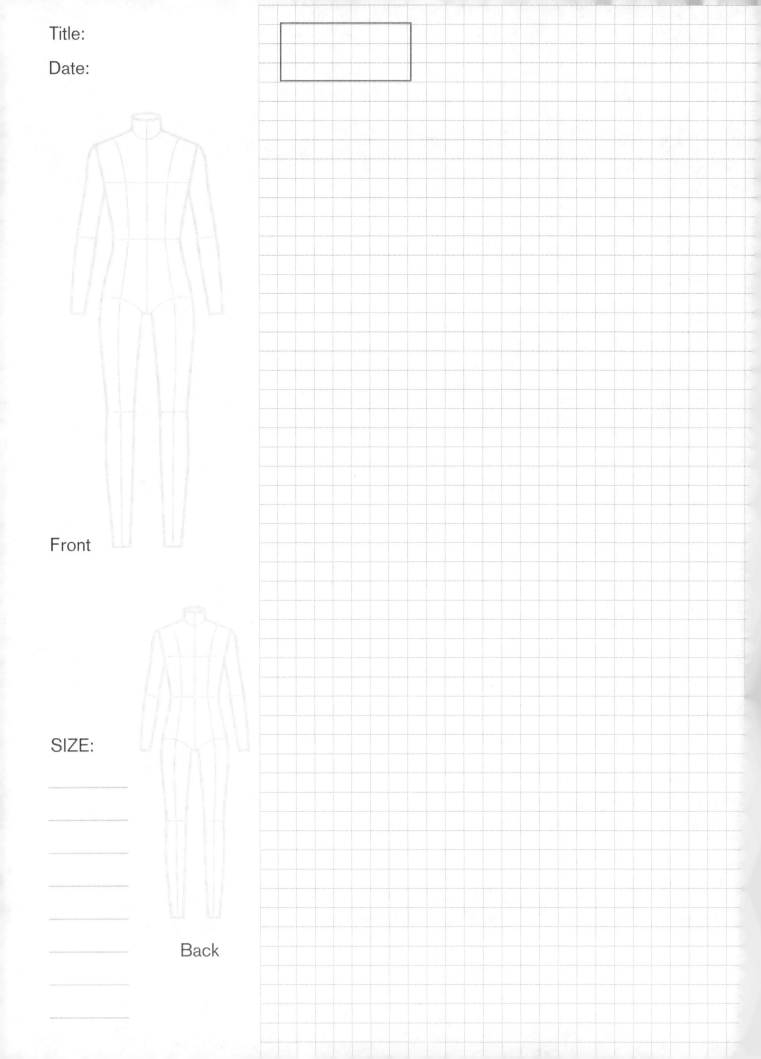

Front

SIZE:

Back

Title:

Date:

Front

SIZE:

_____

_____

_____

_____

_____

_____

Back

Title:

Date:

Front

SIZE:

_____

_____

_____

_____

_____

Back

Title:

Date:

Front

SIZE:

Title:

Back

Title:

Date:

Front

SIZE:

Back

Title:

Date:

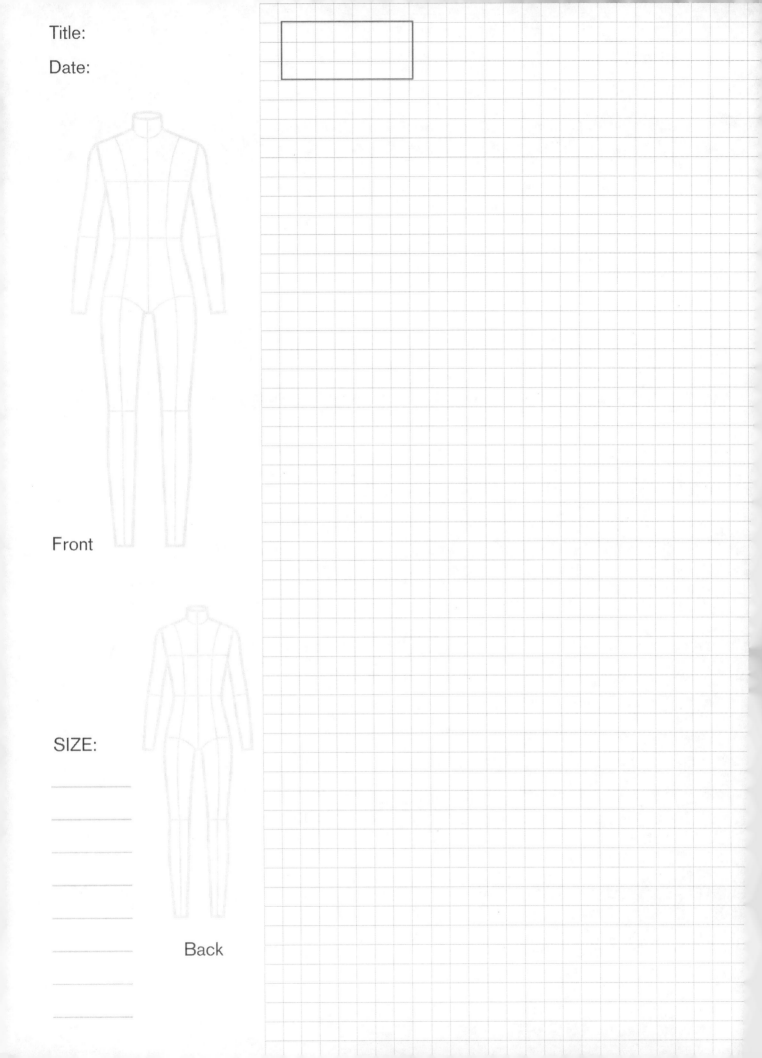

Front

SIZE:

_____

_____

_____

_____

_____

_____

Back

Made in United States
North Haven, CT
27 September 2023

42076039R00057